I0479774

Lavorare da casa

Metodi per Guadagnare da Casa Facendo la Mamma a Tempo Pieno

Victor Lauella

Victor Lauella

LAVORARE DA CASA, METODI PER GUADAGNARE DA CASA FACENDO LA MAMMA A TEMPO PIENO

UUID: f6ba64c7-ce5c-44cb-8747-c964cf1843fb

Questo libro è stato realizzato con StreetLib Write

https://writeapp.io

Indice dei contenuti

-
-
-
-
-
-
-
-
-
-
-

INTRODUZIONE

Sei andata a scuola e ti sei laureata. Hai passato anni ad affinare le tue capacità e a costruirti una carriera. Ora sei una madre e le tue priorità si stanno spostando in maniera importante. Tuttavia, grazie al clima economico odierno, il tuo bisogno di guadagnare rimane.

Puoi avere tutto? Puoi essere una madre a tempo pieno e avere una carriera redditizia e gratificante?

La risposta è sì, se impari a portare equilibrio nella tua vita. Uno dei modi più semplici per avere tutto e godere di un senso di equilibrio è mettersi in proprio e diventare una mamma che lavora a casa. Grazie alla tua formazione professionale, agli anni di esperienza e alla tua determinazione, puoi farcela.

Tuttavia, passare dal lavoro sul campo o in ufficio al lavoro a casa è un passo importante. Prima di tuffarti in questa prospettiva, è un'ottima idea fare un bilancio delle tue possibilità di prosperare a casa. Per alcune persone, brillare come mamma ed eccellere sul posto di lavoro richiede una piccola separazione. Per altre, invece, il lavoro a casa è perfetto.

Una volta deciso se il lavoro a casa è adatto a te, ci sarà molto altro da fare. Il passo successivo che dovrai fare è determinare quali sono le tue prospettive e come superare alcuni degli ostacoli che immancabilmente ti si pareranno davanti. Non preoccuparti: se lo vorrai davvero, potrai saltare gli ostacoli con relativa facilità.

Esistono numerose opportunità di carriera per le madri lavoratrici a casa. Se non vuoi dedicarti al tuo settore attuale, puoi trasferire alcune delle tue competenze in un'altra area di specializzazione. Ci sono anche dei posti incredibili a cui rivolgersi per ricevere una formazione o una riqualificazione, anche da casa, se si desidera qualcosa di completamente nuovo.

Se il lavoro a contratto ti attrae, trovare lavoro non sarà un grosso problema. Il mondo sta cambiando. Grazie a ciò, molti datori di lavoro offrono lavori part-time, a breve termine e persino a lungo termine tramite Internet. Questi lavori sono perfetti per chi lavora a casa.

Una volta che avrai iniziato a trovare lavoro, dovrai probabilmente mettere a punto alcune altre cose. È probabile che sorgano domande su uffici a domicilio, benefit e altri aspetti tecnici. Mentre esplori le opportunità, prepari il tuo ufficio da casa e organizzi una vita che non implichi l'allontanamento da tuo figlio, questo e-book è la tua guida.

Insieme possiamo realizzare il tuo sogno di lavorare a casa e avere ancora tempo per la tua famiglia!

LAVORARE A CASA È LA TUA PASSIONE?

Quando guardi negli occhi di tuo figlio, è probabile che il pensiero di indossare una tuta e tornare in ufficio sia un po' sconcertante. Rimanere a casa e lavorare a casa può rivelarsi un'esperienza incredibile per te e per il tuo bambino. Tuttavia, può anche essere un incubo. Tutto dipende da quanto tu e la tua famiglia siete in grado di gestire la transizione. Alcune donne e le loro famiglie prosperano meglio quando il lavoro rimane al lavoro. Altre brillano nell'ambito dell'attività domestica. Non importa quale sia la strada che scegli, purché funzioni per te, è perfetta!

Quindi, come puoi determinare se lavorare a casa è davvero la tua tazza di tè?

Per prima cosa, devi esaminare la tua situazione finanziaria. Per avviare con successo una carriera da casa, può essere utile avere un po' di respiro dal punto di vista finanziario. Tieni presente, però, che rimanendo a casa risparmierai anche un po' di soldi.

Al di là delle questioni economiche, ci sono delle domande che dovrai porre a te stesso, al coniuge e ai membri della tua famiglia. Per riuscire a portare avanti un'attività a domicilio o a trasferire la tua carriera a tempo pieno a casa tua, devi avere la personalità giusta per riuscirci. Inoltre, è probabile che tu abbia bisogno anche del supporto della tua famiglia.

Vediamo alcuni degli aspetti che dovrai prendere in considerazione per aiutarti a decidere se lavorare a casa fa per te.

ESPLORARE L'ASPETTO FINANZIARIO

Lavorare a casa può rivelarsi molto redditizio per molte madri. Tuttavia, potrebbe richiedere un po' di tempo per ottenere un flusso di denaro costante. Per questo motivo, prima di decidere di buttarti a capofitto in questa attività, dovrai tenere conto di una serie di aspetti. Se dovessi scoprire che non è il momento giusto, non preoccuparti troppo. Puoi sempre lavorare a un'attività da casa nei fine settimana o di notte e cercare di costruirla rapidamente in modo da poter stare a casa a tempo pieno in poco tempo.

Le basi da tenere in considerazione per quanto riguarda le finanze sono:

- Il tuo budget mensile
Dai un'occhiata approfondita alle tue spese mensili e al contributo che dai. Elimina dal budget le cose che non saranno più necessarie, come ad esempio le spese per l'assistenza ai bambini e per il pendolarismo. Tieni presente che può essere necessario un po' di tempo per costruire un'attività sufficiente ad aiutare le bollette e le altre spese. Se il tuo contributo è fondamentale per il bilancio della tua famiglia, controlla i tuoi risparmi. Hai abbastanza per aiutare il tuo contributo per almeno tre mesi? Sei o dodici sarebbero ancora meglio.

Questa base è aiutata? Se così non fosse, prendi in considerazione la possibilità di passare a un lavoro a casa a tempo pieno mentre costruisci un gruzzolo per aiutarti. Iniziare un percorso lento e costante nella giusta direzione è meglio che non iniziarlo affatto! Con un po' di tempo e dedizione, puoi realizzare il tuo sogno.

- Le spese aggiuntive previste

Avviare un'attività da casa può costarti un capitale iniziale. Oltre ad assicurarti che la tua famiglia sia aiutata finanziariamente durante la transizione, avrai bisogno di denaro per allestire un ufficio, acquistare attrezzature, fare pubblicità, ottenere licenze, assicurazioni e così via. È possibile ottenere un piccolo prestito d'affari per queste cose e per aiutarti a coprire i mesi di avviamento. Tieni presente, però, che in questo modo la tua attività andrà in rosso. A volte è meglio risparmiare e aprire i conti in attivo.

- La stima della "zona rossa

Sebbene non sia possibile pianificare con esattezza il momento in cui la tua attività inizierà a guadagnare, è possibile fare una stima abbastanza attendibile. Sii realistico e prevedi un periodo di almeno tre mesi per un buon accumulo. Questo ti aiuterà a determinare la quantità di fondi necessari sul tuo conto corrente per rimanere tranquillo durante la costruzione della tua attività.

L'aspetto finanziario può essere un aspetto molto importante quando decidi di smettere di lavorare in un ufficio e di metterti in proprio. Assicurati di avere le basi aiutate. Alcune delle opzioni che possono aiutarti sono i prestiti, le sovvenzioni, i risparmi o anche iniziare a lavorare part-time con l'attività per poterla sviluppare. Il denaro, tuttavia, non è l'unica preoccupazione da affrontare.

IL TEST DELLA PERSONALITÀ

Lavorare a casa è perfetto per alcune persone, ma non per altre. In ogni caso, va benissimo, purché tu sappia qual è la tua posizione. Puoi essere un'ottima madre e lavorare fuori casa. Per alcune persone, lavorare in casa e cercare di fare il genitore a tempo pieno non funziona per il bene di tutte le persone coinvolte. Tutto dipende dalla personalità.

Allora, hai le carte in regola per intraprendere una carriera da casa? Fatti queste domande e rispondi onestamente:

- Sono autodisciplinata?
Lavorare a casa è pur sempre lavorare. Se poi ci aggiungi un neonato, un bambino o un bambino piccolo, il lavoro diventa sicuramente due in uno. Per portare avanti un'attività o anche per portare il tuo lavoro a tempo pieno in un contesto di telelavoro, devi essere disciplinato. Se sei un tipo che tende ad allontanarsi quando il capo non ti guarda le spalle, lasciare il mondo del lavoro alle spalle potrebbe non fare per te. Ci sono modi per superare questo ostacolo, ma prima è necessaria un po' di autodisciplina.

- Posso sopportare di non avere interazioni con gli "adulti"?
Lavorare a casa significa passare molto tempo con i più piccoli. Alcune mamme riescono a svolgere entrambi i lavori in modo ottimale se li tengono separati. La verità è che le mamme che lavorano a casa spesso non riescono a comunicare con gli adulti. Per alcune non è un problema da superare. Altre, invece, scoprono che trattare con i clienti al telefono o via e-mail non è sufficiente per interagire con gli adulti.
- Sono abbastanza motivata per riuscirci?
Lavorare in un ufficio tende ad essere motivante già di per sé. Anche i procrastinatori possono prosperare in un ambiente in cui le scadenze sono fissate da altri, il lavoro è trascurato e lo stipendio dipende dalle prestazioni. Lavorare a casa è davvero un'altra cosa. Se sei motivato e hai un'esperienza di lavoro autonomo, è probabile che tu riesca a ottenere buoni risultati.
- Posso stabilire degli orari e rispettarli?
Lavorare a casa presenta il rischio di impostare un orario di lavoro eccessivo. Spesso è meglio stabilire degli orari "da ufficio" e rispettarli. Naturalmente, ogni tanto vorrai prenderti una pausa per visitare un parco, vedere una recita scolastica e così via. Non c'è problema! La domanda è: sei in grado di rispettare un orario senza un capo su base abbastanza regolare?
Lavorare a casa sembra divertente e gratificante. Per molti lo è. Altri invece si accorgono di non essere all'altezza di questo ambiente. Sii onesto con te stesso e sceglierai la strada giusta da percorrere.

LA FAMIGLIA PRIMA DI TUTTO

Quando scegli di lavorare fuori casa, non sei l'unico a risentire di questa decisione. Anche tuo marito, i tuoi figli più grandi e chiunque altro viva in casa ne risentirà. Per la maggior parte, avere la mamma a casa è un'ottima cosa. Le famiglie, tuttavia, dovranno intervenire e aiutare. Se non appoggiano la tua decisione, la tua impresa potrebbe fallire prima ancora di iniziare.

Quindi, cosa ti serve dalla tua famiglia per far sì che la tua impresa a domicilio abbia successo? Assicurati che la tua famiglia sia disposta a:

- Aiutare in casa

I membri della famiglia possono essere molto tentati di lasciare a te tutto quello che devi fare solo perché sei a casa. Se è vero che quando lavoravi fuori casa si davano da fare per cucinare, fare la spesa, fare il bucato e così via, è anche vero che se non stabilisci subito dei limiti in modo proattivo, questo potrebbe cessare. È fin troppo facile per i coniugi e i figli più grandi pensare che, solo perché la mamma lavora a casa, sia sempre più disponibile a svolgere altri compiti. Sebbene sia probabile che tu riesca a fare di più se sei in grado di lavorare in multitasking, non sarai in grado di fare tutto ogni giorno.

- Resta a bordo

Assicurati che tu e il tuo partner discutiate a fondo l'idea di lavorare a casa prima di buttarvi. Se il tuo partner non ti appoggia al 100%, probabilmente la tua battaglia sarà in salita. Assicurati di discutere la situazione con mente aperta. Se ci sono resistenze, condividi il tuo business plan, il tuo budget e altri materiali di supporto. È probabile che il tuo partner apprezzi l'idea che tuo figlio non venga cresciuto fuori casa. Assicurati però che il tuo partner sia d'accordo e che lo rimanga.

- Dare una mano in caso di necessità

Destreggiarsi tra la vita domestica e quella in ufficio è sempre difficile. Se gestisci un'attività in proprio, ci sono momenti in cui dovrai abbandonare i proverbiali compiti domestici, la cura dei figli o altro. Per questo motivo, per la tua attività e per le sue possibilità di successo, è fondamentale che tu abbia dei piani di emergenza da mettere in atto in caso di emergenza. Il tuo coniuge è disposto a prendersi un giorno di ferie per assistere un bambino malato se c'è una vendita importante da fare? I figli maggiori o i nonni andranno a prendere un bambino più piccolo quando tu non potrai essere presente? Assicurati di avere un buon sistema di supporto e metà della tua battaglia sarà vinta.

Lavorare a casa può sembrare affascinante ed eccitante. Ma non è sempre così. Può presentare una serie di ostacoli che devono essere superati per garantire il successo. Prima di tuffarti in questa impresa, devi valutare bene se questa idea è adatta a te e alla tua famiglia. In caso affermativo, potrai andare avanti a gonfie vele e divertirti, guadagnando denaro e passando del tempo con i tuoi figli.

I vantaggi di diventare una mamma che lavora a casa possono essere davvero sorprendenti. Se hai un disperato bisogno di passare più tempo con i tuoi figli e vuoi essere presente per loro, ma hai ancora degli obblighi economici nei confronti della tua famiglia, questa può essere la soluzione migliore. Prenditi il tempo necessario per esaminare attentamente la situazione.

GLI OSTACOLI E COME SUPERARLI

Indipendentemente dal tipo di attività che desideri avviare o anche se intendi diventare un telelavoratore per la tua azienda esistente, ci saranno degli ostacoli che dovrai affrontare. Dalle finanze alle tue paure di isolamento, lavorare sempre a casa non significa necessariamente avere il sole e l'arcobaleno tutti i giorni. Avrai giornate positive e giornate negative. Dovrai anche affrontare dei blocchi che ti impediranno di iniziare. Fortunatamente, ci sono cose che puoi fare per affrontare praticamente tutti gli ostacoli che ti si parano davanti.

OSTACOLI FINANZIARI

Forse il più grande ostacolo che si frappone all'apertura di un'attività da casa è il problema del denaro. Questo potrebbe non valere se stai per diventare un telelavoratore per la tua azienda esistente o per un'altra. Tuttavia, se stai iniziando da zero, può essere un ostacolo enorme da superare.

Per avere la migliore base di partenza, esamina attentamente il budget come suggerito in precedenza. Se ti accorgi di non essere all'altezza, questi consigli possono aiutarti a trovare la liquidità necessaria per realizzare il tuo sogno:

- Il piano di risparmio
Questo metodo può richiedere più tempo rispetto ad altre opzioni per superare i problemi di liquidità, ma può darti una base finanziaria migliore a lungo termine. Invece di chiedere un prestito, questo piano di risparmio richiede semplicemente che tu inizi a costruire da solo il tuo gruzzolo aziendale. Puoi farlo mantenendo il tuo lavoro abituale e risparmiando i soldi dei tuoi assegni. Puoi anche pensare di avviare la tua attività part-time di notte per accumulare denaro, contatti e reddito. Quest'ultima opzione consente di mantenere i soldi del lavoro diurno e di aggiungerne altri con l'attività part-time. Nel complesso, si tratta di un modo piuttosto prudente per superare i problemi di denaro.

- Prestiti
Per avviare la tua attività potresti ricorrere a prestiti per piccole imprese, rifinanziamenti di mutui, seconde ipoteche e altre opzioni di prestito. Questa strada può dare il via al tuo sogno e darti anche dei soldi in banca con cui vivere per un certo periodo. Il pericolo è che dovrai rimborsare i prestiti. In sostanza, finanziare un'attività con un prestito significa partire con i conti in rosso. Tuttavia, se la tua idea imprenditoriale è sufficientemente buona e le tue competenze sono abbastanza elevate, può essere un'ottima soluzione.

- Sovvenzioni
A volte è possibile ottenere delle sovvenzioni per aprire una piccola impresa. Questo dipende molto da ciò che intendi fare. Se sei idoneo a ricevere sovvenzioni, vale la pena richiederle. Infatti, le sovvenzioni possono fornirti il denaro di cui hai bisogno senza richiedere rimborsi. Possono essere disponibili sia borse di studio governative che borse di studio di fondazioni. Valuta bene la possibilità, ma metti in conto un lungo processo di richiesta. Se riesci a ottenere le sovvenzioni, assicurati che i soldi vadano esattamente dove hai detto che andranno. In caso contrario, potresti finire in un mare di guai!

- Investitori
Familiari, amici o altri conoscenti potrebbero voler entrare a far parte della tua attività fin dal primo piano. Anche se questa è probabilmente l'opzione meno consigliata, può alimentare i tuoi sogni imprenditoriali piuttosto rapidamente. Devi però mettere in conto di dover restituire questi prestiti o di dover offrire una parte della tua attività a questi "soci".

I problemi di denaro possono sempre essere superati se si ha la determinazione di farlo. Considera le tue opzioni e vai avanti con la scelta o le scelte che funzionano meglio nel tuo caso.

RESISTENZA DELLA FAMIGLIA

Anche le resistenze della famiglia possono essere un problema quando prendi in considerazione l'idea di diventare una mamma che lavora a casa. Se non hai il loro pieno appoggio, potresti essere nei guai.

Ecco alcuni consigli per superare i problemi che potrebbero sorgere:

- Metti in evidenza i vantaggi
Assicurati che il tuo partner comprenda appieno cosa può significare per la tua famiglia lavorare a casa. Anche se avrai dei doveri da rispettare, alla fine sarai più disponibile per la tua famiglia.
- Parla dei potenziali risparmi
Fai notare quanto risparmierai in termini di benzina, pranzi fuori casa, cene al fast-food e assistenza all'infanzia. Queste spese si sommano molto velocemente e possono persino compensare le perdite che subiresti lasciando il tuo attuale lavoro, se questo è il tuo intento. Molte mamme scoprono di spendere quasi quanto guadagnano al lavoro per queste spese che possono essere eliminate dal bilancio se lavori a casa.
- Evidenzia i possibili guadagni
Assicurati che la tua famiglia sappia che hai fatto i compiti a casa sulla tua idea di business. Mostra loro le protezioni dei guadagni, i potenziali clienti e così via. Se hai già dei clienti, questo può far cambiare idea in fretta.
- Fai una prova
Se il tuo partner non è sicuro che tu possa farcela, provalo. Inizia la tua attività a tempo parziale e falla crescere con cura. Una volta avviata, sarà possibile

passare alla fase di transizione senza mettere a repentaglio le entrate della famiglia. Tieni presente che il tuo partner probabilmente appoggia la tua decisione al 100%, ma potrebbe temere il "e se". Va bene così. Dimostra al tuo partner e a te stesso che si può fare.

Le resistenze della famiglia sono generalmente molto facili da superare. Se hai fatto i compiti a casa, dovresti essere in grado di vendere il tuo piano abbastanza bene.

Se sei come la maggior parte delle persone, tuttavia, il lavoro di vendita più difficile sarà quello con te stesso. Devi credere di potercela fare per riuscire a diventare una mamma che lavora a casa. Uno dei maggiori ostacoli che dovrai affrontare su questo fronte è quello di affrontare l'isolamento.

PAURA DELL'ISOLAMENTO

Lavorare a casa può portare a un senso di isolamento. Non fraintendere: dovrai essere proattivo su questo fronte. A meno che tu non sia perfettamente felice di avere a che fare con le persone solo per telefono o via e-mail, dovrai prevedere in anticipo una vita sociale. Tieni presente che alcune idee imprenditoriali ti porteranno fuori casa più di altre, ma è probabile che tu voglia comunque elaborare un piano per vincere e superare la paura dell'isolamento.

Quindi, come puoi assicurarti di soddisfare le tue esigenze di conversazione, networking e interazione con gli adulti? Questi accorgimenti possono essere utili per le mamme che lavorano a casa:

- Partecipa a un gruppo di mamme
Questo è un ottimo modo per uscire di casa e passare un po' di tempo con il tuo piccolo lontano dal tuo nuovo "ufficio". Unendoti a un gruppo di mamme, potrai conoscere nuove persone e soddisfare il tuo bisogno di conversazione. Allo stesso tempo, darai al tuo bambino l'interazione di cui ha bisogno. Molti gruppi di mamme offrono un programma completo di attività tra cui scegliere. Alcuni offrono anche eventi serali per farti uscire di casa con le sole ragazze.
- Organizza incontri con i clienti fuori casa
Se vendi, lavori come consulente o fai qualsiasi cosa che ti porti fuori casa, approfittane almeno una volta ogni tanto. Anche se il piano è quello di lavorare a casa il più possibile, uscire più volte alla settimana non è una cosa negativa. Anzi, può fare bene sia a te che a tuo figlio. Un po' di paesaggio e di facce non fanno mai male a nessuno!
- Iscriviti ai gruppi di networking
Prenditi il tempo necessario per entrare a far parte di gruppi di networking, della camera di commercio locale o di altre organizzazioni imprenditoriali. In questo modo potrai prendere due piccioni con una fava. Non solo potrai godere di un po' di interazione tra adulti, ma potrai anche incrementare i tuoi affari.

- Vai alle riunioni
Se lavorerai in telelavoro o come consulente, cerca di partecipare alle riunioni di persona ogni tanto. Questo ti permetterà di uscire e di ricaricare le batterie in mezzo ad altri adulti che lavorano.
- Resta in contatto con gli amici
Affidati alla stessa rete di supporto che hai da sempre per andare avanti quando lavori a casa. Rivolgiti ai tuoi amici per serate tra ragazze, pranzi divertenti o film nei fine settimana. Solo perché ora lavori a casa, non significa che non puoi uscire di casa!
- Organizza delle serate con le amiche
Trova il tempo per uscire con il tuo coniuge o partner. Una sera alla settimana o addirittura una al mese dedicata al lavoro di coppia può essere un cambio di ritmo molto necessario. Inoltre, questo può aiutare a mantenere il vostro rapporto fresco e forte.
- Goditi un hobby
Esci di casa da solo dedicandoti a un hobby che hai sempre desiderato. Segui un corso, impara a giocare a tennis o fai qualcosa che ti sembra interessante a livello personale. Anche il volontariato può essere un ottimo modo per uscire e fare qualcosa di piacevole. Anche solo un'ora alla settimana per portare i pasti agli anziani può avere un grande impatto sulla tua psiche.
Tieni presente che non fare altro che lavorare e prenderti cura della tua famiglia ti brucerà in fretta. Devi avere anche qualcosa di tutto tuo. Anche se si tratta di un'ora al mese dedicata a qualcosa che ti piace, fallo!

Non temere che lavorare a casa ti trasformi in un isolazionista. Puoi superare questo ostacolo in modo abbastanza semplice.

ESPLORARE LE TUE OPZIONI

Abbiamo già stabilito che hai svolto una carriera professionale per qualche tempo. Questo ti dà un po' di vantaggio quando si tratta di esplorare le tue opzioni. Hai già delle competenze che molto probabilmente potrebbero tradursi in una carriera da telelavoratore o in una nuova impresa tutta tua. È il momento di esplorare le tue opzioni e decidere come far funzionare il lavoro a casa per te.

Se non vuoi trasformare le tue attuali competenze in una nuova attività, non preoccuparti. Ci sono opzioni che richiedono pochissimo tempo per la riqualificazione. Inoltre, alcune idee imprenditoriali sono piuttosto intuitive, quindi non pensare di essere costretto a fare quello che fai ora. A meno che, ovviamente, tu non voglia farlo!

Diamo un'occhiata ad alcune delle opzioni che puoi sfruttare.

TELELAVORO PER IL TUO ATTUALE DATORE DI LAVORO

Se lavori da tempo per il tuo attuale datore di lavoro e ti piace il lavoro, ma vuoi rimanere a casa, il telelavoro potrebbe fare al caso tuo. Se il tuo datore di lavoro utilizza già i telelavoratori, sarai avvantaggiato. In caso contrario, prenditi il tempo necessario per discuterne con il tuo supervisore e i suoi superiori.

Il telelavoro sta diventando sempre più accettato nei principali luoghi di lavoro. Ci sono persino alcune aziende Fortune 500 che permettono ai loro dipendenti di lavorare da casa per tutto il tempo o per una parte del tempo. I vantaggi di portare il proprio lavoro a casa e di rimanere nella propria azienda possono essere molteplici. Tra questi ci sono:

- Nessuna curva di apprendimento
Se fai a casa quello che già fai in ufficio, la curva di apprendimento sarà inesistente. Questo è un ottimo modo per avere la botte piena e la moglie ubriaca.
- Estensione dei benefici
Se rimani con la tua attuale azienda, non perderai i benefici offerti. Per alcune famiglie questo può essere un grande affare, quindi non sottovalutarne il valore.
- Reddito garantito
La tua famiglia non perderà un centesimo se fai il telelavoro. Anzi, potrebbe guadagnare di più grazie ai risparmi sui costi del lavoro a casa di cui abbiamo già parlato. Questo può essere un grande vantaggio per te e per la tua famiglia. Inoltre, può essere uno strumento

utile per convincere la tua famiglia che lavorare a casa è giusto per te.

Il telelavoro ha i suoi pro, ma ci sono anche alcuni contro da considerare. Se scegli di rimanere con il tuo attuale datore di lavoro, sarai limitato a uno stipendio fisso. È probabile che anche il tuo orario di lavoro venga monitorato. Questo può togliere alcune delle libertà di cui speravi di godere lavorando a casa. Valuta attentamente gli aspetti positivi e negativi di questa scelta prima di procedere. Esistono altre opzioni.

CONSULENZA NEL TUO SETTORE

Ok, forse non vuoi più lavorare per il tuo attuale datore di lavoro. O forse hai scoperto che la tua azienda non permette il telelavoro per qualsiasi motivo. Non prenderla come un ostacolo che non puoi superare. Se hai sviluppato le tue competenze in un determinato settore, potresti essere in grado di passare a una posizione di consulente.

Se decidi di intraprendere la carriera di consulente, potresti essere in grado di "lavorare" per la tua azienda alle tue condizioni. Tieni presente, però, che perderai lo status di dipendente. Questo significa però anche che potrai fare da consulente per altre aziende che potranno beneficiare delle tue conoscenze, esperienze e competenze.

I consulenti sono molto richiesti in diversi settori. Dai consulenti legali e operativi a quelli di progettazione, gestione e altro ancora, molte aziende ricorrono regolarmente a un paio di "occhi" esterni. Molte sono anche disposte a pagare un bel po' per avere dei consulenti professionisti. Se vuoi passare a una posizione di consulente, prendi in considerazione questi elementi per dare il via ai tuoi sforzi:

- Rivolgiti alla tua azienda attuale
A seconda delle tue competenze, questo può essere il modo più veloce per ottenere un solido contratto di consulenza. La tua azienda potrebbe apprezzare l'idea di toglierti dal libro paga e risparmiare sui benefit, pur avendo a disposizione le tue competenze.
- Iscriviti alle organizzazioni di categoria
Per trovare altre opportunità, assicurati di aderire alle organizzazioni di categoria e di seguire le riunioni, le pubblicazioni e anche gli annunci online che questi gruppi pubblicano. Questo può essere un ottimo modo per trovare lavoro nel tuo settore su base di consulenza.
- Entrare negli elenchi delle offerte governative
Assicurati di essere inserito negli elenchi dei fornitori delle agenzie cittadine, provinciali, statali e federali che potrebbero trarre vantaggio dalle tue competenze. I contratti di consulenza governativa possono dare un impulso alle carriere e offrire un reddito costante.

Ci sono modi per rimanere nel tuo settore e utilizzare le competenze che hai affinato nel tempo per guadagnare da casa. Se vuoi cambiare completamente, invece, ci sono modi per farlo senza dover fare alcuna riqualificazione. Naturalmente, puoi sempre riqualificarti e ripartire da zero se vuoi entrare in un nuovo settore.

SCRIVERE IL TUO FUTURO

Una delle opzioni più stabili e redditizie per le mamme che lavorano a casa con una formazione professionale consiste nello scrivere per vivere. Gli scrittori freelance sono molto richiesti in ogni campo immaginabile. Man mano che un numero sempre maggiore di aziende si sposta online, hanno bisogno di persone che scrivano i loro contenuti, aggiornino i loro blog, creino rapporti speciali e così via. Questa opzione può permetterti di lavorare nel tuo settore attuale, di per sé, ma anche di spaziare verso altri interessi.

Se vuoi dedicarti alla scrittura come nuova attività imprenditoriale, dovrai avere alcune competenze di base. Oltre a saper mettere insieme una frase, dovrai avere uno stile di scrittura decente, comprendere la grammatica e saper gestire la pressione delle scadenze.

Alcune delle opzioni disponibili per gli scrittori freelance includono:

- Blogging;
- Scrittura di relazioni;
- Scrittura di relazioni pubbliche;
- Creazione di contenuti per l'ottimizzazione dei motori di ricerca;
- Scrittura tecnica.

Scrivere per vivere può essere una scelta di carriera entusiasmante e gratificante. Per le mamme che lavorano a casa e che sanno scrivere, le possibilità sono quasi illimitate.

INSERIMENTO DATI E ALTRE OPZIONI SIMILI

La scrittura potrebbe non essere il tuo forte, ma questo non significa che tu non possa far fruttare le tue abilità alla tastiera. Le posizioni di inserimento dati e altri lavori correlati sono sempre molto richiesti da freelance e telelavoratori. Avere una formazione professionale può essere una grande spinta per entrare in questi settori.

Alcuni dei campi correlati da prendere in considerazione oltre all'inserimento dati sono:

- Fatturazione medica;
- Trascrizione medica;

- Trascrizione;
- Lavorare come assistente personale online;
- Agente di fatturazione.

VENDITE E NON SOLO

Se le tue capacità riguardano l'area delle vendite, ti si aprirà un mondo di possibilità. La realtà è che la vendita è uno dei modi più semplici per entrare in un'azienda, ma può essere anche uno dei più difficili da raggiungere. Tuttavia, se sei bravo a farlo, il cielo sarà il limite.

Se la vendita ti sembra una buona idea, le opzioni correlate includono:

- Lavorare come rappresentante
Le grandi aziende affermate che vendono articoli per la casa, cosmetici e altri prodotti simili assumono continuamente venditori. In questi casi, gli addetti alle vendite sono dei contraenti indipendenti che decidono i propri orari, lavorano nei propri territori e così via. Questo può essere un ottimo modo per godersi la "proprietà" di un'attività senza dover reinventare la ruota.
- Possibilità di franchising
Questa è un'altra soluzione ideale per chi vuole avere un'attività in proprio e raccogliere tutti i frutti. Il franchising può dare alla tua attività un riconoscimento

immediato e il supporto necessario per partire con il piede giusto.

- Altre possibilità
  È possibile trasformare un hobby in un'attività, creare un prodotto da produrre e vendere, lanciare un sito web e così via. Queste opzioni possono basarsi sulle competenze che già possiedi o permetterti di svilupparne di nuove per intraprendere una strada completamente diversa. Non lasciare nulla di intentato su questo fronte se vuoi fare qualcosa di completamente diverso.

Le possibilità di lavorare a casa sono davvero limitate solo dalla tua immaginazione. Sia che tu voglia rimanere nel settore che già possiedi, sia che tu voglia prendere una direzione completamente nuova, ci sono modi per trasformare i tuoi sogni di lavoro a casa in realtà. Basta prendersi il tempo necessario per esplorare davvero le opzioni, fare i compiti e capire quale sia la strada migliore per te e la tua famiglia. Se è necessaria una riqualificazione o nuove competenze, rilassati. La formazione è più semplice di quanto tu possa pensare.

LA CURVA DI APPRENDIMENTO

Hai preso una decisione, hai esplorato le tue opzioni e hai scoperto che sarà necessaria una certa formazione per realizzare i tuoi sogni. Non preoccuparti troppo. Ci sono molte opzioni a tua disposizione per assicurarti la formazione di cui hai bisogno. In molti casi, puoi continuare a lavorare e studiare online o andare a scuola la sera. In alcuni casi, può anche essere possibile avviare la tua nuova carriera da casa mentre ricevi una formazione aggiuntiva per sostenere la tua attività.

Quindi, quali sono le opzioni per ottenere la formazione di cui hai bisogno? Ci sono tre opzioni principali da considerare: l'università, le scuole tecniche e i programmi di certificazione.

TORNARE ALL'UNIVERSITÀ

Se vuoi cambiare radicalmente settore, l'università potrebbe essere la migliore opzione a tua disposizione. Grazie ai programmi di laurea online, però, questo non deve essere così scoraggiante come sembra. È possibile lavorare di giorno e frequentare le lezioni anche di sera.

Per rendere più facile il ritorno a scuola, prendi in considerazione questi consigli:

- Ottieni il maggior numero di finanziamenti possibile
Esistono moltissimi programmi di borse di studio e sovvenzioni per le donne. Esplora ogni opzione e non lasciare nulla di intentato. Molte di queste borse di studio sono ora disponibili anche per i corsi di laurea online. Presta molta attenzione anche alle borse di studio per madri lavoratrici. Ci sono organizzazioni che pagano l'intero conto per le mamme in cerca di una nuova carriera.
- Tieni d'occhio il premio
Se hai già una laurea, potrebbero bastarti pochi corsi per ottenere la formazione di cui hai bisogno. Tieni presente questo aspetto. Se invece hai bisogno di un programma di studi completo, concentrati sul futuro per non perdere tempo.
- Non mangiare più di quanto tu possa masticare
È ovvio che vuoi essere subito in affari! Se questo non è possibile, non avere troppa fretta. Lavorare, andare a scuola e prendersi cura di una famiglia può essere molto impegnativo. Cerca di assumere solo ciò che è ragionevole e lavora costantemente per raggiungere l'obiettivo finale.
Tornare all'università e conseguire una nuova laurea può essere un ottimo modo per riqualificarsi per una

nuova carriera. Può richiedere un po' più di tempo rispetto ad altre opzioni, ma è un ottimo modo per ricominciare completamente.

SCUOLE TECNICHE

Le scuole tecniche possono fornire la formazione necessaria per una serie di carriere. Dalla progettazione e vendita di siti web alla riparazione di computer e oltre, questa opzione può rivelarsi eccellente per una serie di motivi. Tra questi ci sono:

- I costi
Le scuole tecniche, soprattutto se gestite dallo Stato o da una contea, tendono ad essere molto più convenienti rispetto all'università.
- Gli orari
Le scuole tecniche tendono ad avere orari molto flessibili. In molti casi, i corsi di studio possono essere anche piuttosto brevi, ma forniscono comunque le competenze necessarie per avviare una nuova carriera.
- L'apprendimento mirato
I programmi tecnici non prevedono molti corsi "extra" che i normali diplomi universitari tendono a richiedere. Questo ti permette di andare dritto al sodo, invece di dover fare un po' di fatica con il corso di tessitura di cesti.

PROGRAMMI DI CERTIFICAZIONE

I programmi di certificazione a breve termine e mirati possono essere la soluzione perfetta per alcuni settori professionali. La trascrizione medica, la fatturazione e perfino il web design, ad esempio, possono essere appresi durante i programmi di certificazione "a breve termine". Si tratta di un'ottima soluzione per una serie di motivi, tra cui:

- Il tempo necessario
I programmi di certificazione hanno spesso una durata molto breve, ma forniscono la formazione necessaria per avere successo in alcuni settori professionali. Quando le certificazioni si combinano con un titolo di studio esistente, il curriculum complessivo può diventare molto interessante.
- I costi
I prezzi dei programmi di certificazione variano, ma in genere sono molto più accessibili rispetto ai corsi di laurea.
- L'apprendimento mirato
Come le scuole tecniche, anche i programmi di certificazione offrono un percorso di apprendimento molto mirato. Questo è ottimo per chi non vuole dedicare molto tempo a corsi che non hanno nulla a che fare con l'obiettivo finale della carriera.

Se l'attività che hai scelto richiede una riqualificazione per avere successo, non farti prendere dal panico. Ci sono delle opzioni a tua disposizione che possono accelerare il processo di apprendimento. In molti casi è persino possibile contenere i costi grazie a sovvenzioni e borse di studio. Non lasciare che la formazione ostacoli i tuoi sogni.

TROVARE IL LAVORO GIUSTO

Hai scelto il tuo campo, hai definito i tuoi piani e sei pronto a partire. Ora la domanda è: come iniziare a guadagnare? A meno che tu non stia facendo il telelavoratore per un datore di lavoro già esistente, avrai bisogno di un piano di gioco per ottenere un po' di lavoro. All'inizio, trovare i lavori giusti ti porterà via gran parte del lavoro. Tuttavia, esistono dei metodi che possono aiutarti. Quello che funzionerà meglio dipenderà dalla tua ricerca.

LA PUBBLICITÀ PAGA

Non importa se intendi vendere un prodotto o un servizio, la pubblicità sarà fondamentale per la tua impresa. Il tuo campo di attività, tuttavia, può influire sui luoghi migliori in cui investire i tuoi soldi per la pubblicità. Per iniziare a trovare clienti, prendi in considerazione questi potenziali veicoli pubblicitari:

- Fonti locali
I giornali, le stazioni televisive e le stazioni radio della comunità possono essere un ottimo punto di partenza se non vuoi espandere la tua attività oltre la tua regione. A seconda del tipo di carriera che intendi

intraprendere a casa tua, questi veicoli possono fornire un'incredibile spinta all'attività.

- Pubblicazioni di settore
Se il tuo intento è quello di fare consulenza, le pubblicazioni di settore possono essere la chiave per aprire le porte del successo. La pubblicità su queste pubblicazioni metterà il nome della tua attività sotto i riflettori di chi ha bisogno del tuo aiuto.

- I siti web fanno la differenza
Indipendentemente dal settore in cui operi, può essere estremamente utile pubblicizzare la tua impresa online. Se vendi, puoi farlo direttamente online. Se invece fornisci un servizio, puoi fare affari utilizzando un sito web per promuoverlo. Un tempo le aziende che avevano un sito web erano una rarità. Oggi è considerato un segno distintivo di un'impresa professionale. Persino i consulenti hanno un proprio sito e talvolta un blog per spiegare cosa fanno, come lo fanno e perché dovrebbero ottenere un lavoro.

- Pubblicità creativa
Se hai intenzione di vendere un prodotto o di fornire un servizio che possa essere utilizzato dalla popolazione, come ad esempio la contabilità, la tenuta dei libri e così via, la pubblicità creativa potrebbe aiutarti ad iniziare. Cartelloni pubblicitari, annunci sulle panchine, volantini e altre opzioni simili possono aiutarti a far arrivare il tuo lavoro.

I SERVIZI PER L'IMPIEGO POSSONO ESSERE D'AIUTO

La consulenza o l'offerta di competenze da freelance possono essere un'ottima soluzione. Per trovare lavoro in questo settore, a volte può essere utile lavorare direttamente con le agenzie di collocamento. Dal momento che i datori di lavoro sono generalmente quelli che pagano per questi servizi, non hai nulla da perdere seguendo questa strada e tutto da guadagnare.

Alcuni dei vantaggi di lavorare con i servizi per l'impiego sono:

- Avere accesso ai loro contatti
Le agenzie di collocamento affermate tendono ad avere una lunga lista di clienti. Questo significa che potenzialmente possono farti entrare nella porta con contratti che non avresti mai sognato di ottenere.
- Il fattore avvocato
I servizi di collocamento non guadagnano se non trovano i professionisti giusti per un lavoro. Per questo motivo, lavorano duramente per mettere in contatto freelance, consulenti e appaltatori privati direttamente con le aziende che possono usufruire dei loro servizi. Non fa mai male avere degli avvocati al tuo fianco quando cerchi di avviare un'attività in proprio!
- Il fattore specializzazione
Esistono agenzie di collocamento specializzate in contrattisti e consulenti. Ci sono anche agenzie che lavorano esclusivamente in un determinato settore. Rivolgersi all'agenzia giusta può davvero aprire le porte

e fungere da incredibile trampolino di lancio per la tua
attività da casa.

I SITI WEB POSSONO ESSERE IL BIGLIETTO DA VISITA

Se il tuo progetto è quello di lavorare più o meno
nell'arena online, andare online non solo con il tuo sito,
ma anche attraverso i siti web dedicati all'occupazione
può davvero dare i suoi frutti. Sono nati numerosi siti
web dedicati all'occupazione che mettono in contatto
freelance e piccoli imprenditori con potenziali datori di
lavoro. I vantaggi dell'utilizzo di questo tipo di servizi
includono:

- Costi ridotti
I migliori servizi online di incontro tra domanda e
offerta di lavoro richiedono una quota di iscrizione, ma
nel complesso i prezzi tendono a essere bassi. Per
pochi dollari al trimestre, puoi trovarti abbinato a più
lavori di quanti tu ne possa gestire.
- Le offerte di lavoro
Anche solo per questo motivo, rivolgersi ai servizi di
collocamento online può essere molto utile. Se hai
intenzione di lavorare come appaltatore o consulente,
consultare le offerte online può aiutarti a capire dove
devi fare dei miglioramenti. Se, ad esempio, non sei
abbastanza aggressivo, lo scoprirai molto rapidamente.
Inoltre, alcuni ambienti di gara sono aperti. Ciò significa
che potrai vedere i prezzi applicati dalla concorrenza.

Questo può aiutarti a rimanere competitivo e a ottenere lavori in futuro.
- L'esposizione
I siti di collocamento online tendono ad attirare una grande varietà di potenziali datori di lavoro. In molti casi, i datori di lavoro possono provenire da tutto il mondo. L'esposizione che tu e la tua azienda potete ottenere utilizzando questi siti è incredibile.
- La formazione
Oltre a imparare a gestire la concorrenza, l'intero processo di ricerca di lavoro online può essere un ottimo allenamento per altre attività. Una volta che avrai imparato a mettere insieme i pacchetti di offerte, ad esempio, potresti essere più preparato per affrontare una gara d'appalto governativa.

IL FRANCHISING APRE LE PORTE

I franchisee tendono ad avere una marcia in più per iniziare. Se hai scelto questa strada, potrai beneficiare subito di alcune cose quando si tratta di avviare un'attività commerciale. Queste cose includono:

- Formazione
La maggior parte dei franchising più importanti e anche alcuni di quelli più piccoli offrono formazione non solo sul modello di business, ma anche sulla pubblicità e sul marketing.
- Riconoscimento immediato
I franchising hanno il vantaggio di avere un nome riconosciuto. Questo aspetto, di per sé, può portare

subito affari. Se scegli un franchising poco conosciuto, assicurati che abbia un buon modello di business e un prodotto o servizio di qualità. Non c'è nulla di male ad entrare in gioco quando si sta creando una certa notorietà. Assicurati però che l'iniziativa sia davvero di tuo gradimento. Se non sei convinto di un'iniziativa, è probabile che nessun altro lo sia.
- Pubblicità di gruppo
Molti franchising organizzano campagne pubblicitarie a livello nazionale. Lo fanno utilizzando una parte delle tariffe di franchising che vengono versate. In alcuni casi, gli affiliati di un'area locale possono anche scegliere di fare "acquisti di gruppo" per ottenere più pubblicità. Ogni franchisee di una regione, ad esempio, verserà una somma di denaro per una grande campagna. In questo modo si ottiene una maggiore esposizione senza che un singolo imprenditore debba spendere troppo.

IL NETWORKING È IMPORTANTE

Indipendentemente dal settore che hai deciso di intraprendere, se intendi avere un'attività di lavoro da casa, il networking è importante. In definitiva, si tratta di un'altra forma di pubblicità. Tuttavia, non deve costare troppo e può ripagare con un sacco di vantaggi.

Esistono diverse opzioni sul fronte del networking. La scelta o le scelte migliori per te dipendono dal tipo di attività che intendi intraprendere. Alcune delle opzioni per il networking sono:

- Camere di Commercio
Indipendentemente dal settore in cui intendi entrare, questa può essere una scelta eccellente per raggiungere il mercato locale. Se ti iscrivi a una camera di commercio, non solo potrai far conoscere la tua attività, ma potrai anche beneficiare della possibilità di allontanarti dal tuo ufficio. Inoltre, molte camere offrono preziose sessioni di formazione aziendale a costi molto ridotti per i membri.

- Networking online
Esistono gruppi di networking online che aiutano gli imprenditori che operano sul web a conoscersi. Questo è un ottimo modo per raggiungere altri imprenditori. Se il tuo intento è quello di lavorare come appaltatore o consulente, questi gruppi possono dare buoni frutti anche per quanto riguarda gli affari.

- Gruppi di networking
Come le camere di commercio locali, questi gruppi possono essere molto utili per far conoscere il tuo nome nella comunità. I gruppi di networking svolgono anche una funzione sociale ed educativa piuttosto vantaggiosa. Non fa mai male avere altre persone nella tua stessa situazione con cui parlare e da cui imparare.

- Sponsorizzazioni
Questo è un modo diverso di far conoscere la tua attività alla comunità locale, ma può dare buoni frutti. Sponsorizza un evento locale, una squadra sportiva, un'aula scolastica. Fai conoscere il tuo nome a persone che ti riconosceranno per la tua fedeltà alla comunità e ti ripagheranno con il loro sostegno.

Per trovare il lavoro giusto può essere necessario uno sforzo concertato. Dovrai sapere dove cercare, come farti conoscere e come creare una rete di contatti adeguata. Non preoccuparti se non l'hai mai fatto prima. Ti verrà in mente con il tempo. La pubblicità è la parte più facile, ma costa. Il networking può essere una sfida per i più timidi, ma può rivelarsi importante quanto qualsiasi tipo di pubblicità a pagamento.

CREARE UN UFFICIO A CASA

Hai deciso di lavorare a casa. Buon per te! Anche se hai scelto il tuo campo, hai già i soldi e un business plan pronto, c'è ancora del lavoro da fare. Forse uno dei passi più grandi e importanti deve ancora essere affrontato. Per lavorare a casa e avere successo, hai bisogno di un posto da chiamare "tuo".

Certo, è ovvio che vuoi stare con la tua famiglia e nel pieno delle attività. Tuttavia, se non hai un ufficio da chiamare "tuo" quando ne hai bisogno, potresti essere molto dispiaciuto. Il fatto è che telefonare ai clienti con un bambino che urla in sottofondo può essere imbarazzante. Scrivere relazioni in scadenza mentre la tua famiglia guarda la televisione può essere fonte di distrazione. Per superare e vincere questi problemi, avrai bisogno di un ufficio a casa. Inoltre, averne uno ti permetterà di ottenere una detrazione fiscale!

Per far sì che l'ufficio in casa funzioni davvero per te, è bene valutare quali sono le tue reali esigenze. È anche una buona idea ricordare a te stesso perché è importante avere uno spazio tutto tuo.

DI COSA HAI BISOGNO

Un ufficio a casa non deve essere necessariamente elaborato per essere efficace. Quanto o quanto poco spazio sarà necessario dipenderà dai tuoi gusti personali e dallo spazio che hai a disposizione. In generale, se ci sono gli allacciamenti alle utenze (telefono, cavo e così via) e una porta, dovresti essere a posto. Puoi anche "aggirare" i problemi di connessione con la rete wireless e le prolunghe.

Oltre allo spazio, è probabile che ti servano questi elementi per organizzare bene un ufficio in casa:

- Una scrivania
L'elaborazione non è importante in questo caso. Puoi usare un pezzo di legno appoggiato sopra due schedari. Basta che tu abbia uno spazio di lavoro per le tue carte e i tuoi file importanti e dovresti essere a posto su questo fronte.
- Computer e altre attrezzature
Al giorno d'oggi, quasi tutti i settori in cui si lavora richiedono un computer. Se intendi telelavorare per il tuo attuale datore di lavoro, questo sarà probabilmente un must. Anche se intendi iniziare una carriera completamente nuova, avere un computer per lavorare può essere molto saggio. Investi in un buon computer e assicurati di avere anche un backup. Niente può mettere in crisi un'attività più velocemente di un problema al computer! Potrebbe anche essere una buona idea prendere in considerazione i servizi di

backup online del disco rigido per assicurarti di essere aiutato in caso di incidente. Oltre alla dotazione di base di un computer, dovrai prendere in considerazione anche altri elementi come il telefono, la fotocopiatrice e il fax. Se il tuo settore richiede attrezzature speciali, dovrai pianificare anche quelle.

- Una porta

Anche in questo caso, non è necessario che tu lavori sempre in casa. Se vuoi stare in cucina con il portatile mentre prepari la cena, sei tu il capo! Tuttavia, avere una porta da chiudere quando ne hai bisogno può essere fondamentale per la concentrazione. Può anche aiutarti a ricordare che sei "in orario". Inoltre, avere una porta può anche ricordare ai membri della famiglia che sei "in servizio". Ricorda che la tua famiglia potrebbe avere un periodo di adattamento piuttosto lungo al fatto che lavori a casa. Lo spazio privato può servire a ricordarti che solo perché la mamma è a casa non significa che possa gestire ogni singolo problema che si presenta!

PERCHÉ NE HAI BISOGNO

Anche se la tua casa è piccola e trovare uno spazio da ritagliare per te è una sfida, fallo. Che si tratti di un angolo del garage, di uno sgabuzzino o di una camera da letto in più, basta che tu rivendichi uno spazio!

I motivi per cui questo è così importante sono:

- Privacy;
- Professionalità;

- La detrazione fiscale, che può essere davvero molto importante;
- La tua sanità mentale!

Creare un ufficio a casa può essere un po' complicato, ma può ripagare con la creazione dello spazio di cui hai bisogno per lavorare. Non importa quale sia il tuo lavoro a casa, la privacy sarà apprezzata. Puoi contarci!

CONSIGLI PER IL SUCCESSO

Anche se la strada per il successo può variare molto a seconda dell'attività che intendi intraprendere, ci sono alcuni consigli generalizzati che possono aiutarti in ogni caso. Tra i migliori consigli per le mamme che lavorano a casa ci sono:

- Abbi pazienza
Lavorare a casa può essere terribilmente gratificante. Può anche essere terribilmente frustrante. Quando il tuo bambino di 8 anni ti racconta la stessa storia per la quinta volta mentre hai una scadenza, la tua pazienza potrebbe esaurirsi. Fai un respiro profondo, conta fino a 10 e spiegale che ti piacerebbe ascoltarla tra un po'.
- Credi in te stesso
Dato che non sei estraneo al mondo del lavoro grazie alla tua carriera iniziale, dovresti avere una marcia in più. Tuttavia, può essere molto scoraggiante avere un'attività in proprio e non avere una "azienda" a cui appoggiarsi. Credi in te stesso, valuta le tue capacità e vai avanti a tutta forza. Se sei riuscito ad avere una carriera di successo lavorando per qualcun altro, non c'è motivo per cui tu non possa fare tutto da solo!
- Stabilisci gli orari di lavoro

Questo punto non sarà mai sottolineato abbastanza. Devi stabilire una routine per la maggior parte dei giorni per riuscire a lavorare a casa. Se preferisci passare tutto il giorno con i tuoi figli, fai pure. Assicurati di timbrare il cartellino quando vanno a letto. Per riuscire a portare a termine un'attività a casa, devi essere costante.

- Promuoviti
Prenditi il tempo necessario per far conoscere la tua attività. Se non lo fai tu, non lo farà nessun altro. Il tuo successo finale non dipenderà solo dalle tue capacità, ma anche dall'abilità con cui riuscirai ad attirare clienti e contratti.

- Sii perseverante
L'avvio di qualsiasi tipo di attività richiede tempo e dedizione. Se lavori a casa, dovrai comunque affrontare gli stessi ostacoli che incontra qualsiasi attività. Dovrai essere diligente e persistente per superarli.

- Tieni aperti i tuoi contatti
Stai lasciando una carriera in un'azienda per stare a casa con la tua famiglia e lanciare la tua impresa. Assicurati di mantenere aperti i contatti che hai stabilito nel corso degli anni. Possono essere una preziosa fonte di lavoro per te in futuro. Questo non importa se rimarrai nel tuo settore o se intendi intraprendere un percorso leggermente diverso. La realtà è che la tua reputazione può esserti di grande aiuto, indipendentemente dal settore in cui entrerai. Fai sapere ai tuoi vecchi contatti cosa stai facendo e tieni te stesso e la tua impresa in primo piano nella loro mente.

- Sii realista

Non aspettarti di costruire un'azienda Fortune 500 dal tuo garage in 10 giorni o meno. Sebbene sia un obiettivo fantastico da raggiungere, aspettarsi un tale successo fin da subito non è saggio. Potresti scoraggiarti e compromettere le tue possibilità di raggiungere l'obiettivo. Assicurati che le tue aspettative siano realistiche.

- Impara a fare più cose
Hai deciso di rimanere a casa per un motivo: la tua famiglia. Assicurati di dedicare del tempo a loro. Mentre lavori alla tua attività, questo potrebbe significare dover essere multitasking. Impara a preparare la cena mentre sei al telefono. Fai delle telefonate mentre sei seduto in fila in macchina a scuola di tuo figlio. Organizza mailing di massa mentre guardi la televisione con la famiglia la sera.

- Non dimenticare te stesso
Può essere molto allettante dedicare tutto quello che hai alla tua famiglia e alla tua impresa. Sebbene possa sembrare un'idea grandiosa, potrebbe bruciarti in fretta. Assicurati di ritagliare un po' di tempo per te stesso. Questo ti aiuterà a rilassarti, a distenderti e a ricaricarti. Anche solo 20 minuti al giorno per leggere una serie di libri preferiti, meditare o fare jogging possono darti il tempo necessario per essere te stesso. Se trascuri questo aspetto, è probabile che la tua famiglia, la tua attività e tu stesso ne risentano.

E I BENEFICI?

A meno che tu non abbia deciso di telelavorare per il tuo attuale datore di lavoro, è molto probabile che questa domanda ti tenga sveglio la notte. Anche quando hai fatto i compiti a casa e la tua attività è pronta a partire, la questione dei benefit può rimanere senza risposta.

Quindi, come puoi colmare le lacune che si creeranno lasciando un lavoro a tempo pieno per una posizione a casa di tua creazione?

Fortunatamente, hai alcune opzioni. La maggior parte delle mamme che lavorano a casa è in grado di aiutare a coprire le proprie esigenze per quanto riguarda l'assicurazione medica, la pensione e persino i risparmi. Non lasciare che questo particolare ostacolo sia il tuo scoglio.

aiutare le esigenze mediche

Le coperture mediche, dentistiche e visive sono in genere tra le maggiori preoccupazioni delle donne in carriera che intendono dedicarsi al lavoro a casa. Le opzioni disponibili sono molteplici. Quello che funzionerà meglio per te dipenderà dalla situazione specifica della tua famiglia. Alcune delle opzioni che potresti voler esplorare sono:

- Mettere la famiglia sotto l'assicurazione dell'altro partner
Se il tuo partner è assicurato tramite il suo posto di lavoro, la soluzione è piuttosto semplice. Puoi far aggiungere te stesso e i tuoi figli alla sua polizza. La maggior parte delle compagnie consente questo tipo di modifiche a metà anno se in famiglia si è verificato un evento importante. Nel peggiore dei casi, dovrai aspettare l'apertura delle iscrizioni.

- Opzioni di polizze private
È possibile acquistare un'assicurazione privata per aiutare te stesso e la tua famiglia. Tieni presente che molte polizze private non aiutano le condizioni preesistenti. Alcune condizioni mediche, infatti, rendono impossibile l'acquisto di polizze private per i singoli individui.

- Opzioni di gruppo
Si tratta di una soluzione per chi ha condizioni preesistenti. È possibile inserire un'attività a domicilio in un pool collettivo. Il risultato finale sarà una polizza molto simile a quella offerta da un normale datore di lavoro. Ciò significa che la copertura non può essere negata a chi ha una patologia. L'aspetto negativo è che i costi possono essere piuttosto elevati. Tuttavia, questa opzione può essere una buona soluzione per chi ne ha bisogno.

Aiutare le tue esigenze mediche potrebbe non essere così difficile o costoso come pensi. Esamina attentamente tutte le opzioni e scegli quella più adatta alla tua famiglia.

PENSIONE E OLTRE

L'assicurazione medica è la prima e più grande preoccupazione delle donne in carriera quando decidono di passare al lavoro a domicilio. Tuttavia, non è l'ultima. Assicurarsi che i benefici o i risparmi per la pensione siano pronti può essere altrettanto importante. Tieni presente che nella maggior parte degli scenari di cui abbiamo parlato sarai il capo di te stesso. Ciò significa che se non risparmi per la pensione, è probabile che nessun altro lo faccia per conto tuo.

Quindi, come puoi assicurarti di avere un gruzzolo per i tuoi anni d'oro? Queste sono le opzioni a tua disposizione:

- Conti pensionistici individuali
Gli IRA possono essere molto utili per risparmiare per il futuro. Non solo offrono un buon tasso di interesse, ma possono anche compensare i tuoi guadagni al momento delle tasse. Tuttavia, a causa delle limitazioni dei contributi, potresti voler avere più di questa carta nella manica.
- 401ks

Questo strumento di risparmio per la pensione può rappresentare un ulteriore strumento di risparmio per la pensione. Dovrai informarti presso una società di investimenti previdenziali su come avviarne uno. Tuttavia, se incorpori la tua azienda, questa opzione dovrebbe essere disponibile.

- Azioni e obbligazioni

Questi investimenti possono essere un po' troppo rischiosi, ma possono dare grandi soddisfazioni. Tuttavia, fai attenzione e non puntare tutto su un unico paniere.

- Altre opzioni

Esistono molti altri strumenti di investimento che possono sostituire il conto pensionistico aziendale. Prendi in considerazione l'investimento in oro, immobili e altri investimenti tangibili simili. Se la tua azienda è un'attività che potrebbe essere venduta, anche questa potrebbe essere considerata un investimento per la pensione.

Il fatto che il tuo ex datore di lavoro non finanzi una polizza pensionistica non significa che tu non possa risparmiare per il tuo futuro. Con un buon piano e un po' di disciplina, puoi assicurarti di avere un gruzzolo per rendere più confortevoli i tuoi anni d'oro.

ALTRI RISPARMI

La pensione non sarà, o non dovrebbe essere, l'unico risparmio che prenderai in considerazione quando lancerai una nuova impresa domestica. Probabilmente vorrai anche creare un fondo per i giorni di pioggia.

Questo può essere utilizzato per aiutare la tua attività nei periodi di crisi. Potresti anche usarlo come risparmio generale per le vacanze, le migliorie alla casa e le emergenze.

Le opzioni per far funzionare al meglio il tuo denaro per quanto riguarda i risparmi generali includono:

- Conti del mercato monetario
Questo tipo di strumento di risparmio non ti farà guadagnare una piccola fortuna, ma può assicurarti che i tuoi soldi risparmiati guadagnino qualcosa. La maggior parte degli istituti bancari li offre e offrono interessi, quindi puoi far lavorare il tuo denaro per te.
- Obbligazioni a breve termine
I Buoni di Risparmio Statunitensi e altre iniziative a breve termine possono rappresentare un modo piacevole per guadagnare qualcosa in più dai tuoi risparmi.
- Investimenti facili da liquidare
Alcuni investimenti come l'oro, le monete da collezione o i francobolli possono funzionare bene anche come risparmi per i giorni di pioggia. Questi investimenti possono anche rappresentare un buon modo per guadagnare un po' di denaro senza correre grossi rischi. Non è saggio utilizzarli come unica forma di risparmio, ma possono rientrare in un piano generale.

Sostituire i benefit non è così difficile come potrebbe sembrare. La maggior parte delle mamme che lavorano a casa ha a disposizione degli strumenti per aiutare a coprire tutte le spese.

COME DESTREGGIARSI CON SUCCESSO TRA CASA E LAVORO

Se sei abituato a lavorare in ufficio e ad avere una chiara demarcazione tra lavoro e vita domestica, destreggiarti tra le due cose può essere una grande sfida. La realtà è che se stai decidendo consapevolmente di essere una mamma che lavora a casa - anche se fai il telelavoro - stai confondendo le linee che creano i confini. Per bilanciare il tutto, avrai bisogno di un piano.

Questi consigli possono aiutarti:

- Impara a stabilire le priorità
Dato che sarai tu a casa, è probabile che tu abbia molte più cose da fare. Ti sentirai obbligato a prenderti cura non solo di tuo figlio e della tua attività, ma anche della tua casa. Non puoi fare tutto. Imparare a dare priorità a ciò che deve essere fatto e a ciò che può aspettare sarà essenziale. Così come imparare a delegare alcuni compiti ad altri membri della famiglia, ove possibile.
- Impara a lasciar perdere alcune cose
Se hai un bambino malato e un grosso contratto in ballo, le tue priorità sono chiare. Queste due cose

richiedono la tua attenzione. Se il bucato si accumula e i piatti non vengono lavati, lascia perdere. Aspetteranno fino a domani. Tuo figlio e il tuo cliente no!

- Impara a chiedere aiuto

Sei fantastico, ma sei solo un essere umano. A volte avrai bisogno di aiuto. Non avere paura di chiederlo.

- Avere un piano di riserva

Ci saranno giorni in cui non riuscirai a stare dietro a tuo figlio e al tuo lavoro. Assicurati di avere un piano di riserva. Chiedi a un parente di badare al bambino o anche di fare un salto in un asilo nido locale. È normale che non sia sempre tu a occuparti dei bambini. Anzi, a volte i piccoli riescono a socializzare meglio se gli si permette di stare in gruppo ogni tanto.

- Sfrutta al meglio i tempi morti

Approfitta di tutti i tempi morti che hai per affrontare i progetti che devono essere realizzati. Mentre il tuo bambino dorme, ad esempio, fai le tue telefonate. Mentre tuo figlio fa colazione, prepara la cena con la pentola a fuoco lento. Ricordati di ritagliare del tempo anche per te stessa.

Passare da una donna che lavora in ufficio a una mamma che lavora a casa può essere una transizione enorme. Sii gentile con te stessa e impara a mantenere le cose in prospettiva. Puoi destreggiarti tra molte palle contemporaneamente. Tuttavia, non puoi fare sempre tutto da sola.

CHIUDERE

Lasciare la corsa del topo per una carriera fuori casa può essere una decisione eccellente per te, per la tua famiglia e anche per le tue prospettive di guadagno a lungo termine. Tuttavia, si tratta di una decisione importante. Non andare avanti senza aver esaminato attentamente le tue opzioni.

Il lavoro a casa non è adatto a tutti. Assicurati di esplorare davvero le opzioni e di considerare le tue motivazioni. Se sai di vivere e respirare lavorando in un ufficio con molte persone intorno a te, potresti non essere felice a casa. Anche se sembra bello poter passare del tempo con il proprio figlio, se vuoi davvero lavorare in ufficio con delle persone, potresti rendere tutti infelici facendo diversamente. Se la tua personalità non corrisponde al profilo di chi lavora a casa, non farti prendere dal panico. Puoi avere una carriera fuori casa ed essere comunque un'ottima madre. Riconoscere che hai bisogno di qualcosa di diverso può essere un bene per il tuo bambino.

Ora, se hai deciso che il trasferimento è davvero positivo per te, le probabilità di successo dovrebbero aumentare. Per intraprendere seriamente una carriera da casa, dovrai avere un piano ben definito. Questo dovrà includere un finanziamento per l'avvio, un business plan e anche alcune prospettive per la pubblicità, il marketing e una base di clienti. Fai i tuoi compiti e procedi con cautela. In poco tempo, la tua impresa dovrebbe essere operativa.

Ricorda che, lavorando da casa, il tuo campo di gioco è cambiato radicalmente. Dovrai saperti destreggiare, avere pazienza e mantenere il senso dell'umorismo. Il lavoro sarà importante, ma lo sarà anche il tuo altro lavoro, quello di mamma.

Fissa i tuoi obiettivi e cerca di rispettarli. Tuttavia, cerca di essere un po' flessibile. Ci saranno giorni in cui non riuscirai a entrare in "ufficio" prima di mezzanotte e altri in cui tutto filerà liscio dalla routine mattutina fino all'ora di andare a letto. Il bello di essere una mamma che lavora a casa è che devi avere la possibilità di adattarti alle esigenze della giornata. Questo particolare vantaggio può valere ogni sforzo per avviare un'attività a casa.

Diventare una mamma che lavora a casa è una cosa molto importante per una donna in carriera. Non mollare e sii paziente. Se lo farai, potrai realizzare i tuoi sogni.

www.ingramcontent.com/pod-product-compliance
Lightning Source LLC
Chambersburg PA
CBHW071142220526
45467CB00015B/1750